Penguin
Random House
Grupo Editorial

Primera edición: abril 2021

Impreso en China - *Printed in China*

ISBN: 978-84-488-5784-4

Diseño y maquetación: LimboStudio

VIRUS Y VACUNAS

CARLOS PAZOS

Beascoa

Hola, futuros genios de la vacunación. Soy la científica Valentina, y este es mi amigo Pasteur, un ternero que vive en este establo.

Pasteur está preocupado porque su mamá se ha puesto malita.

¡Ánimo, Pasteur! Con ayuda de la medicina, voy a descubrir qué le pasa a tu mamá para que se cure pronto.

Mmm, veamos... Hay muchas razones para caer enfermos, pero sospecho que a tu mamá la ha infectado un **PATÓGENO**.

Ahhh... ¿Que no sabes lo que es?

Un patógeno es algo así como un bichito que se queda a vivir en otros seres vivos para crecer o multiplicarse, y que produce una enfermedad.

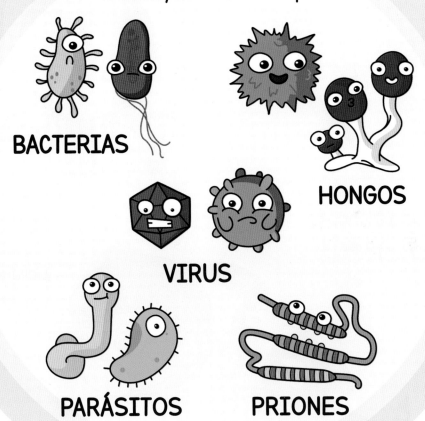

Los hay de muchos tipos:

BACTERIAS

HONGOS

VIRUS

PARÁSITOS

PRIONES

Son casi todos tan pequeños...

... que no podemos verlos a simple vista.

Como quiero averiguar cuál de ellos es, voy a tomar una muestra de sangre de tu mamá para analizarla.

Un pinchacito y... ¡ya está!

Rápido, vamos a mi laboratorio para ver de qué se trata.

¡Hala! ¡Ha resultado ser un virus!
Y es uno bastante peleón.

Cuando nos contagiamos con un virus, nuestras células corren peligro.

Por si no lo sabes, todos los seres vivos estamos hechos de células.

¡Tú y yo tenemos millones de ellas!

Los virus necesitan infectar a las células para multiplicarse, pero, a menudo, las dañan durante el proceso.

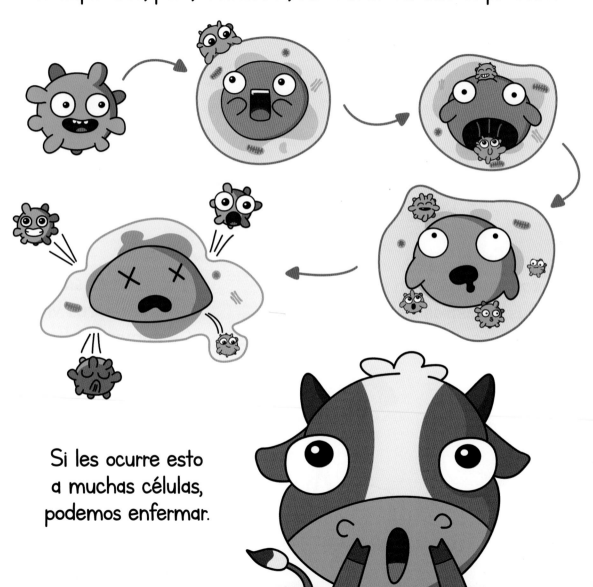

Si les ocurre esto a muchas células, podemos enfermar.

Menos mal que tenemos una poderosa defensa contra el ataque de los virus y de otros pequeños invasores...

¡El **SISTEMA INMUNITARIO!**

El sistema inmunitario lo componen, en gran medida, células muy guays que luchan contra cualquier microbio o cuerpo extraño que se atreva a liarla en nuestro cuerpo. Voy a enseñarte las más conocidas.

NEUTRÓFILOS
Acuden para ayudar.

MACRÓFAGOS
Comen y avisan del peligro.

CÉLULAS NK
Destruyen células infectadas.

LINFOCITOS T
Patrullan para tratar de mantener el orden y la salud.

RESPUESTA INNATA

CÉLULAS DENDRÍTICAS
Derrotan y enseñan la amenaza a otras células.

RESPUESTA ESPECÍFICA

LINFOCITOS TH
Activan a los linfocitos B
para que creen una poderosa
arma, los **ANTICUERPOS**.

**LINFOCITOS B
Y PLÁSMIDOS**
Aprenden a fabricar
anticuerpos para
derrotar al virus.

Cuando los linfocitos B lanzan los anticuerpos, estos
se quedan pegados y neutralizan a los enemigos.

Una vez que los linfocitos han aprendido a producir anticuerpos, el sistema inmunitario está preparado para detectar y derrotar mucho más rápido al virus en sus siguientes ataques.

Esto se llama **MEMORIA INMUNITARIA**.

Así que no te asustes, Pasteur. Ahora mismo, el sistema inmunitario de tu mamá está luchando contra este virus y seguro que vencerá. Tu mamá es una vaca fuerte.

El problema es que este virus es contagioso y va a atacar a otras vacas.

El sistema inmunitario de las más débiles igual no puede vencerlo.

Por ese motivo, ¡tenemos que ayudarlas!

Y hay una manera. Nuestra arma secreta son las **VACUNAS**.

Se parece a mí, pero no soy yo.

En este caso, una vacuna es como tener un virus de juguete, desmontado o atontado, que no hace nada de nada y que no es peligroso.

Fabricar una vacuna lleva tiempo y no es nada fácil.

Los virus son muy distintos entre sí y los científicos tenemos que asegurarnos de que hacemos las cosas bien y de forma segura.

Ahora el truco está en introducir esta vacuna en el interior de aquellas vacas que todavía no se han contagiado.

Su sistema inmunitario aún no ha peleado contra el virus y no lo conoce de nada.

Con la vacuna, las células inmunitarias aprenderán a reconocerlo y a fabricar anticuerpos sin tener que pelear.

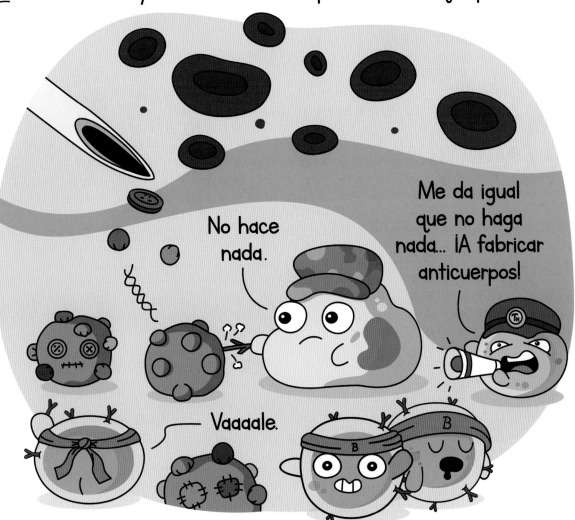

Así, cuando llegue el virus de verdad, ¡no tendrá ninguna posibilidad de atacar!

Y ahora viene lo mejor... Si vacunamos a casi todo el rebaño,
lo protegemos, porque el virus no puede llegar hasta ellos.

REBAÑO SIN VACUNA

REBAÑO CON VACUNA

Esto se llama **INMUNIDAD DE GRUPO**, o de
rebaño, y con los seres humanos funciona igual.

Vale. Ya he terminado.

Anda, mira... ¡Tu mamá se siente mejor!

Tuvo la mala suerte de contagiarse la primera, pero su sistema inmunitario ha triunfado y ahora también tiene anticuerpos que la protegen.

Si hubiera sido vacunada, no lo habría pasado tan mal. Pero, gracias a ella, hemos podido adelantarnos y ayudar al resto del rebaño.

¡Me alegro mucho de que esté mejor!

FÍSICA CUÁNTICA
CARLOS PAZOS

LA CIENCIA EXPLICADA A LOS MÁS PEQUEÑOS

ASTRONÁUTICA
CARLOS PAZOS

LA CIENCIA EXPLICADA A LOS MÁS PEQUEÑOS

GENÉTICA
CARLOS PAZOS

LA CIENCIA EXPLICADA A LOS MÁS PEQUEÑOS

Descubre
los secretos de
la ciencia con
**FUTUROS
GENIOS.**

EVOLUCIÓN
CARLOS PAZOS

RAWR

LA CIENCIA EXPLICADA A LOS MÁS PEQUEÑOS

ROBÓTICA
E INTELIGENCIA ARTIFICIAL
CARLOS PAZOS

LA CIENCIA EXPLICADA A LOS MÁS PEQUEÑOS

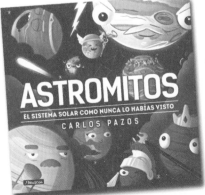

ASTROMITOS
EL SISTEMA SOLAR COMO NUNCA LO HABÍAS VISTO
CARLOS PAZOS

¡Y conviértete en un experto del
Sistema Solar con **ASTROMITOS!**